NOTE SECRETTE.

DE L'IMPRIMERIE DE PLASSAN,

RUE DE VAUGIRARD, N° 15.

NOTE SECRETTE

EXPOSANT LES

PRÉTEXTES ET LE BUT

DE LA

DERNIÈRE CONSPIRATION.

SECONDE ÉDITION.

A PARIS,

Chez FOULON ET Ce, libraires, rue des Francs-Bourgeois-Saint-
Michel, n° 3;
DELAUNAY ET PÉLICIER, Palais-Royal;
Et EYMERY, rue Mazarine, n° 3o.

1818.

AVERTISSEMENT

DE L'ÉDITEUR.

LA NOTE SECRETTE à laquelle on croit utile de donner une grande publicité pour faire évanouir les insinuations perfides et les calomnies dangereuses qu'elle renferme contre le gouvernement du Roi et contre la nation, a dû être soumise, il y a trois mois, à quelques ambassadeurs des puissances alliées par des négociateurs anonymes, sans mission et sans caractère, qui se prétendent les organes d'un parti.

Il a toujours existé en France, depuis la restauration, un parti qui a rejeté la Charte, ou qui la présentait comme une simple carte d'entrée, comme une concession nécessaire, mais momentanée. Ce parti agissait dans l'ombre. Il calomniait, dans des notes clandestines, adressées aux cabinets étrangers, le monarque et la nation. Il tendait à exciter, dans ces cabinets, une plus grande disposition à la défiance contre le gouvernement de la France, et à faire prolonger les souffrances de l'occupation armée. Mais on manquait d'une pièce positive qu'on pût regarder comme le manifeste et la profession de foi de ce parti. Cette pièce est tombée entre nos mains : elle nous vient d'une source digne de foi ; elle porte d'ailleurs avec elle, par la manière dont elle est rédigée, un caractère d'authenticité.

Du reste, nous ne nous permettrons ni d'en désigner ni d'en soupçonner les auteurs. Qu'on ignore à jamais, s'il est possible, les noms de ces indignes Français ! mais que leurs calomnies, qui pourraient être accueillies au loin si elles n'étaient promptement réfutées, subissent la juste punition de la publicité ! Le bon sens national en fera justice.

Il suffit que cette pièce ait existé, qu'elle ait une destination connue, pour qu'il soit convenable et utile de la produire au grand jour, pour faire apprécier aux bons esprits et aux cœurs français l'inconvenance et le danger de ces machinations ténébreuses, dont le but est d'offrir toujours la France comme un épouvantail à l'Europe, et de nourrir les préventions et les haines nationales, qu'il est si important de détruire.

Ce honteux *appel aux étrangers,* pour faire changer par leur influence le système du gouvernement, sera désavoué par ceux mêmes qu'un moment de vertige a pu égarer au point de leur suggérer de pareils blasphêmes. Car cette pièce réunit les trois caractères d'un *acte de souveraineté,* d'un *manifeste,* et d'un *plan de conspiration,* en un mot, d'un crime de trahison envers la nation et le Roi.

NOTE SECRETTE

EXPOSANT LES

PRÉTEXTES ET LE BUT

DE LA

DERNIÈRE CONSPIRATION.

~~~~~~

APERÇU

DE LA SITUATION DE LA FRANCE

AU MOIS DE MARS 1818.

Aux époques du mois d'août 1816, et au mois d'août 1817, nous nous sommes efforcés, dans les notes que nous avons fait parvenir aux quatre cours alliées, de montrer par quelle série d'évènemens le gouvernement de France s'était éloigné peu-à-peu de la ligne qui pouvait assurer l'établissement du Roi; et nous
~~~~~~

avons cherché à faire voir comment, en ne prenant aucun des moyens nécessaires pour établir la monarchie, on préparait le triomphe de la révolution.

Ces opinions paraissaient alors partiales, et elles trouvaient des contradicteurs dans ceux qui n'avaient pas assez observé la France, la marche des esprits, et la nature du gouvernement qu'elle essayait. Aujourd'hui le mal est tel, les intentions révolutionnaires sont tellement à découvert, et si publiquement avouées, que les esprits les plus obstinés ont été obligés de se rendre à l'évidence, et qu'il n'en est plus un seul qui se refuse à déclarer que le Roi est placé sans appui au milieu du torrent de la révolution.

En effet, la révolution occupe tout depuis le cabinet du Roi, qui en est devenu le foyer, jusqu'aux dernières classes de la nation qu'elle agite partout avec violence.

Les principes destructeurs de notre monarchie sont professés à la tribune par des ministres du Roi (a).

Des écrits audacieux sapent tous les fondemens de l'ordre social (b), et les lois répressives ne font obstacle qu'aux écrivains qui soutiennent la monarchie et la légitimité ; les jugemens des tribunaux, ce qu'il y a de plus sacré dans les institutions humaines,

---

(a) Voyez le discours du ministre de la police sur la liberté de la presse, et celui du ministre de la guerre sur la loi du recrutement.

(b) Comme la Minerve, le Recueil des Pièces historiques, les Lettres Normandes, etc., etc.

sont livrés aux diatribes les plus virulentes (c); tous les liens de l'état social sont relâchés ; le gouvernement ne paraît marcher que par l'impulsion d'un pouvoir qui n'existe plus et par la présence des forces étrangères ; enfin , tout se prépare à chasser la maison de Bourbon et à faire la guerre à l'Europe.

Un accord aussi parfait pour juger le mal , semblerait annoncer nécessairement une disposition unanime sur les remèdes qu'on pourrait encore y apporter ; mais il n'en est pas ainsi : les esprits, diversement préoccupés par des antécédens qu'on ne veut pas oublier, parce que personne ne veut avouer qu'il s'est trompé, jettent une grande diversité sur la manière d'envisager les moyens qu'on aurait de réparer le mal qui a été fait , et de se préserver de celui qui menace l'Europe.

Cependant, pour traiter cette importante question, cette question qui renferme le salut ou la perte de tous , il suffit , sans récriminer sur le passé , de partir du point actuel, de ce sentiment, de cet aveu unanime : « La position et la marche actuelle du gouver-
» nement de la France conduisent au triomphe certain
» et prochain de la révolution. »

Dans cet état de choses , il n'y a pour l'Europe que

(c) Voyez le Mémoire du colonel Fabvier sur les évènemens de Lyon, les Lettres de Benjamin-Constant dans l'affaire de Wilfrid-Regnault, et quelques articles des ouvrages cités dans la note b, page précédente.

deux hypothèses : ou l'on abandonnerait la France à toutes les éruptions du volcan, en cherchant à s'en préserver au-dehors ; ou l'on penserait à sauver la France de toutes ses fureurs.

En examinant la première, on conçoit, en effet, que les cours alliées, qui ont deux fois soulevé l'Europe, versé le sang, prodigué les trésors de leurs sujets pour terrasser cette révolution ; on conçoit que les souverains, qui l'avaient deux fois vaincue, et qui croyaient dans leur sagesse et dans la pureté de leurs intentions avoir tracé la marche politique qui devait à jamais prévenir son retour, soient fatigués de la voir renaître sans cesse et produire de nouvelles têtes à mesure qu'on les a abattues.

Mais dans ce terrible combat, rien n'est fait quand il reste quelque chose à faire, et nous avons assez prouvé, dans la note du mois d'août 1817, combien serait folle l'espérance de se rendre maître de l'incendie quand on lui aurait donné la France entière pour aliment. Et comment espérerait-on de s'en préserver quand il a grandi et acquis des forces dans le temps où les troupes et les conseils de l'Europe occupaient le territoire de la France, et dirigeaient la conduite politique de son gouvernement ? enfin, qui oserait penser qu'on saura s'en défendre quand elle attaquera avec toutes ses forces et sa violence, lorsqu'on n'a pas su l'étouffer à sa renaissance (d) ?

____

(d) *Extrait de la note du mois d'août* 1817. Et quand, sous la pro-

L'occupation réelle du territoire était justifiée par les circonstances où elle fut décidée, par le besoin que l'Europe avait de garantie, par l'intérêt même de la France, et cependant on a senti les inconvéniens qu'on n'a pas su prévoir, au point que les plus intéressés la regardent désormais comme impossible et comme inutile pour défendre l'Europe de la révolution de France. Quels seront donc ces moyens que l'on croirait pouvoir

---

tection des souverains alliés, la révolution sera devenue maîtresse en France, quelle sera la position de ces souverains alliés eux-mêmes, et quelle conduite tiendront-ils ? Doivent-ils dire, comme en 1793, que peu leur importe les mouvemens de la France, qu'ils sauront bien s'en garantir ? Ils savent bien que la révolution irait encore les chercher, et qu'elle jetterait sur eux à-la-fois ses opinions et ses armées. Et, en effet, quel est le chef révolutionnaire qui pourrait essayer de gouverner la France sans le prestige des conquêtes, sans l'aliment de la guerre, et sans donner l'Europe à dévorer à l'avidité et au fanatisme ambitieux de ses prosélytes ? Déjà la population semble fatiguée d'un excès de vigueur, et éprouver le besoin des saignées auxquelles on l'avait accoutumée : quatre années de conscription, c'est-à-dire plus de douze cent mille hommes, attendent avec impatience le jour qui leur mettra les armes à la main avec l'ordre d'inonder l'Europe, cette Europe qui recèle partout des passions prêtes à les accueillir. Une seule ville au Brésil s'insurge, et les révolutionnaires de toutes les nations tressaillent de joie, et espèrent que le jour de leur triomphe contre les rois est arrivé. Que sera-ce quand cette France, ce grand foyer de la révolution, qu'il a fallu tant d'efforts pour éteindre, ce pays qui aura été gouverné sous la direction, sous la surveillance et avec la *prétendue sagesse* des cabinets de l'Europe, retournera à la fermentation et à ses principes destructeurs ?

·employer pour arrêter les explosions révolutionnaires, dont la présence des armées étrangères nous a seule garantis? Pensera-t-on que des armées plus nombreuses, placées au-dehors le long de nos frontières, ou groupées en masses imposantes sur quelques-uns de leurs points, seront de meilleurs remparts? Pourquoi paraîtraient-elles plus rassurantes? Seront-elles plus unies sous un même ou sous un plus habile chef? Quand la ligne en sera prolongée sur une étendue trois fois plus grande, leur action sera-t-elle plus rapide sur le centre de la France qu'elle ne pouvait l'être? Dira-t-on que cette occupation, changée en blocus, serait moins irritante pour l'esprit de la nation? Non : la crainte salutaire qu'elles imposaient sera moindre à proportion qu'elles seront plus éloignées, plus étendues, plus divisées, et l'irritation qu'elles pouvaient inspirer à ceux qu'elles comprimaient sera plus forte encore : d'abord parce que les moyens de les attaquer seront plus disponibles et plus certains; ensuite parce que cet état menaçant contre eux leur paraîtra moins justifié, sa durée moins déterminée, l'union des puissances moins assurée; enfin, parce que ce système de compression sera réellement plus hostile. Qu'on ne s'y méprenne pas : on changerait les embarras et les inconvéniens qu'on a appris à connaître, contre d'autres qui ne seraient préférés que parce qu'on ne saurait pas les apprécier. Enfin, la pensée d'abandonner la France aux fureurs de la révolution est injuste et cruelle : elle avilirait la majesté des rois; elle effacerait l'honneur que les couronnes avaient RETROUVÉ dans la glorieuse époque de 1814 et 1815 ; elle déchirerait la plus belle page de leur histoire : on ne peut pas supposer une pareille détermination.

On ne saurait donc admettre que l'Europe puisse se garantir de la révolution, si cette révolution reprend en France son pouvoir, ses forces et son activité : tous les moyens qu'on essayerait de lui opposer sont ou impossibles ou inutiles. Il ne peut y avoir d'espérance de salut que dans des efforts bien concertés, pour arrêter l'explosion au sein même de la France. C'est ainsi que nous sommes amenés à examiner la seconde hypothèse. Cherchera-t-on les moyens de sauver la France des fureurs révolutionnaires, pour en préserver le monde, et quels sont les moyens qu'on employera ?

Si on embrasse par l'imagination toutes les combinaisons possibles sur ce sujet, on en trouvera cinq qui peuvent se présenter à différens esprits :

I. Les uns croiront peut-être éteindre la révolution en partageant la France ou l'occupant militairement.

II. D'autres imagineraient atteindre le même but en essayant de placer une nouvelle dynastie sur le trône.

III. Quelques-uns croiront que le gouvernement représentatif a été le grand obstacle à l'établissement du Roi, et qu'il faut le détruire.

IV. D'autres ont espéré qu'on pouvait ramener le

Roi et ses ministres actuels aux principes qui peuvent consolider la monarchie.

V. Enfin, il en est qui pensent que la révolution ne sera finie que le jour où l'on pourra changer le système du gouvernement *par le changement des ministres qui le dirigent.*

I. *Partager la France ou l'occuper militairement !...*

J'avoue que mon sang, tout français, se révolte à cette pensée, et que je ne pourrais la discuter politiquement ; d'ailleurs, les résultats de si exécrables déterminations sont démontrées dans la note du 15 août 1817, à laquelle je me réfère (e).

(e) *Extrait de la note du 15 août 1817.* Rien n'est exagéré dans les craintes que nous exprimons : l'avenir les justifiera toutes ; et si les bornes de cet écrit permettaient d'en accumuler les preuves, on les porterait à l'évidence ; mais quelles que soient les leçons de l'expérience, elles seront encore perdues pour les souverains de l'Europe ; ils s'endormiront dans une trompeuse sécurité, ils chercheront à se garantir de nos avertissemens plutôt qu'à se garantir du danger, ou bien ils se flatteront d'arriver toûjours à temps pour le prévenir ; et ils penseront que les 120 mille hommes de l'armée d'occupation suffiront pour étouffer les mouvemens dangereux, pour comprimer l'insurrection quand elle aurait éclaté. Ils se trompent : la France sera embrasée avant que ces faibles moyens puissent apporter un secours suffisant pour éteindre l'incendie. La France a deux fois souffert l'invasion, parce que les alliés portaient avec eux, et pour ainsi diré sur leurs drapeaux, de grandes espérances, celles d'un gouvernement qui avait pour lui de grands souvenirs de bonheur, et des garanties d'un repos durable. Ces espérances ont été déçues ; et cette fois on ne les verrait plus arriver

II. *Placer une nouvelle dynastie sur le trône.*

Que deviendraient les principes de la légitimité proclamés si solennellement, que dis-je? les principes éternels de la conservation des peuples et des trônes? que pourrait-on espérer de cette nouvelle subversion? *La révolution*, dira-t-on, s'accommoderait mieux d'un

qu'avec l'horreur qu'inspire l'ennemi qui n'a plus rien à nous offrir en compensation des maux de la guerre. Le prince qui les rappellerait, faute d'avoir su gouverner lui-même, deviendrait odieux à la nation entière; et le parti qui chercherait son appui dans leurs armes, serait aussi ennemi que les étrangers, et serait repoussé avec eux. D'ailleurs, que seraient 120 mille hommes qui devraient occuper la France, contre le sentiment profond d'horreur, qui s'établirait contre eux, dans toutes les classes de la nation? Croirait-on qu'on aurait le temps, les moyens, de rassembler encore une fois un million d'hommes pour les jeter sur cette malheureuse France? On ne le pourrait pas dans un an; et dans vingt jours la France entière serait un camp, une citadelle impénétrable, dont la population entière formerait la garnison. Se tromperait-on au point de croire qu'on pourrait ensuite, par une longue guerre, la démembrer et partager ses provinces, et regarderait-on ce moyen comme le dernier coup à porter à la révolution? On serait dans une bien grande erreur : la France est trop compacte pour se prêter à un morcellement; des liens trop anciens et trop forts en tiennent les

roi *révolutionnaire*. D'abord, la révolution ne s'accommode d'aucun roi; ensuite, la révolution peut
renverser; mais elle ne peut rien construire, rien établir, rien conserver; et, si elle le pouvait, ne nous
montrerait-elle pas ses œuvres? Qu'elle ne dise pas
même qu'elle a fait le règne de Bonaparte : il n'est pas
plus son ouvrage que les règnes de Tamerlan et de
Gengiskan. Et la masse de la France royaliste qui
avait attaché tout son espoir au retour des hommes et
des principes légitimes, s'accommoderait-elle de perdre des espérances qui lui sont si chères, encore qu'elles aient été si déçues? Quels soutiens aurait ce nouveau souverain qui aient manqué au Roi? combien
le Roi pourrait-il en trouver qui manqueraient à celui-là? C'est bien alors qu'il faudrait *garnisonner* la
France de quelques cent mille étrangers, et les résultats d'une pareille mesure sont présentés dans tout
leur jour dans la note précitée *(f)*.

----

peuples attachés. Outre cela, la première ville que l'on voudrait
conquérir, le premier canton qu'on voudrait livrer comme la proie
d'un des co-partageans, serait bientôt pour eux une occasion de discorde. Enfin, quand des armées innombrables occuperaient le sol,
et quelle armée ne faudrait-il pas pour occuper la France! quand
rien ne pourrait plus déguiser à ses yeux l'horreur de son sort, alors
même, dis-je, une dernière ressource, une ressource infaillible, lui
resterait, la corruption de ses vainqueurs; et la France révolutionnaire décomposerait les armées victorieuses par le poison des idées
révolutionnaires.

(f) Voyez la note précédente.

On jugera bien que c'est uniquement pour com-
pletter le tableau de toutes les suppositions qui peuvent se présenter, que nous avons cru devoir discuter
les questions d'un changement de dynastie, de l'occupation militaire de la France, et du partage de ses
provinces. Ce n'est pas en faisant des révolutions que
l'on peut espérer de finir la révolution, de même
que ce n'est pas au milieu d'un tremblement de terre
qu'on peut reconstruire. Mais, nous arrivons aux points
qui méritent une discussion plus sérieuse et plus ap-
profondie : les nouvelles institutions politiques de la
France peuvent-elles lui convenir, et le gouvernement
représentatif a-t-il été le véritable obstacle à l'établissement de la monarchie en France? Suffirait-il de le
détruire pour écraser cette révolution qui relève une
tête si audacieuse et si dangereuse? Nous allons examiner cette importante question.

III. *Détruire le gouvernement représentatif.*

Il y a des inconséquences portées à un tel degré, qu'elles ne sauraient jamais se pardonner, et quand on pose comme base d'un système de gouvernement deux principes qui se combattent, les résultats sont nécessairement discordans. C'est ce qui est arrivé dans les affaires de France. Les puissances alliées ont donné de la même main et en même temps à la France, le gouvernement représentatif qui pouvait lui convenir *(g)*, et au Roi le prétendu système d'équilibre entre les partis, qui devait les dominer et les détruire *(h)*. Toute l'incertitude, toute la faiblesse du gouvernement du Roi tient à l'impossibilité d'accorder ces deux principes contradictoires. En effet, l'essence du gouvernement représentatif, sous quelque forme qu'on l'établisse, est de donner légalement un organe à l'opinion publique, et à cet organe une portion de la

---

(g) Proclamation de l'empereur de Russie..... Avril 1814.

(h) Lettre des quatre ministres au duc de Richelieu, du 20 novembre 1815. Note officielle des quatre ministres, en daté du 10 février 1817.

puissance souveraine; et il ne faut pas penser qu'on soit libre de lui donner ou de lui refuser ce pouvoir. Si l'état social est tel que cette opinion exerce une grande influence sur les dispositions et les actes du gouvernement, on ne saurait éviter de reconnaître ce qui lui est acquis; et les lois constitutionnelles doivent régler l'exercice de ce droit, pour qu'il devienne l'appui du gouvernement qui l'adopte, au lieu d'être l'effroi et l'ennemi de celui qui serait condamné à repousser continuellement ses attaques.

Mais l'expérience prouve que cette opinion ne s'exprime jamais par une seule voix; et que toutes les couleurs, toutes les nuances des opinions individuelles qui la composent et la diviseraient à l'infini, se classent naturellement, par des intérêts ou des opinions analogues, en deux couleurs qui prennent le nom et l'attitude de partis dans l'expression journalière de leurs vœux, de leurs désirs et de leurs volontés. C'est ainsi que l'Angleterre a vu, depuis 160 ans, jusqu'à ce jour, la représentation nationale divisée entre les partisans de la prérogative royale et ceux des priviléges du peuple; qu'en Amérique, elle se divise en *fédéralistes* et *anti-fédéralistes*, et les gouvernemens de ces pays n'ont jamais imaginé de se placer au milieu de ces différens partis. Ils savaient bien que de cette manière ils ne pourraient gouverner aucun de ces intérêts, ne pourraient en contenter aucun, et par conséquent n'en trouveraient aucun qui voulût les appuyer et les soutenir; et telle est la position du gouvernement en France, placé entre les

deux grandes divisions de ceux qui veulent l'établissement de la maison de Bourbon et de ceux qui veulent les conséquences de la révolution.

On voit donc qu'il existe une contradiction de premier ordre entre l'établissement du gouvernement représentatif qui constitue les partis, et la marche intermédiaire du gouvernement qui prétend les détruire.
En effet, d'un côté on a appelé les diverses opinions
qui forment et lient les partis, à se prononcer avec
toute l'indépendance qui caractérise la souveraineté,
et d'un autre côté on a usé tous les ressorts de l'autorité royale pour étouffer leur expression. D'une part
on leur a ordonné de parler, et de l'autre on leur a
commandé de se taire; d'un côté on a rassemblé les
partis, on les a mis en présence, on leur a donné un
champ de bataille, des armes, des chefs et des drapeaux; et de l'autre le gouvernement, tout seul et
isolé qu'il était, a eu la prétention de les désarmer et
de les disperser. On s'est placé d'une part dans l'obli-
gation rigoureuse d'obtenir leur assentiment, et de
l'autre on a voulu marcher d'une manière indépendante des intérêts des uns et des autres. Enfin, on a
établi une forme de gouvernement qui ne peut manquer de créer des partis dans le pays même où il n'en
existerait pas les premières traces, et on a établi en
principe qu'il fallait détruire les partis dans un pays
où ils existaient aussi fortement prononcés depuis
trente ans. Que pouvait-il résulter de ce tissu d'inconséquences, et d'inconséquences qui s'attachaient aux
bases mêmes et à l'essence du gouvernement? Ce qui

est en effet résulté, que le gouvernement, témoin inutile de la lutte qu'il ne saurait empêcher, se trouve
froissé et brisé au milieu des chocs des deux partis
ennemis, et qu'il n'a échappé à son entière destruc-
tion qu'en appelant les secours les plus précaires et les
plus dangereux pour sa stabilité. Il n'en eût pas été
ainsi, si les ministres eussent compris la nature du
gouvernement qu'ils avaient à diriger (*i*).

(i) Extrait de la note du mois d'août 1817. *Mais, dira-t-on, est-
il un homme raisonnable qui pût conseiller au roi et à son gouvernement de se placer dans un parti, d'en épouser les violences et les
passions, d'employer la force pour faire triompher tous les intérêts
des uns et pour écraser tous ceux des autres?* A Dieu ne plaise que
nous ne fussions pas mieux compris! mais nous disons qu'un gouvernement qui est par son essence celui des partis, qui établit une
tribune où se discutent publiquement les intérêts qui divisent la
nation, ne saurait se placer dans cet intermédiaire de la faiblesse
qui ne satisfait et ne rassure aucun de ces intérêts. Nous disons, et
l'expérience le dit mieux que nous, que ce sage milieu qu'il faut atteindre, ce milieu qui est la pensée de l'homme éclairé et l'intérêt
de celui qui ne l'est pas, est un résultat auquel il faut arriver, mais
n'est pas un moyen pour y parvenir; que lorsqu'on veut s'y placer d'abord, on y est seul, sans force, sans appui, méprisé de tout
les partis qui luttent sur votre tête, quand vous croyez les avoir mis
à vos pieds, et que le seul moyen de réussir et de confondre des intérêts divergens est de se placer au milieu de ceux qui sont les plus
analogues au système qu'on prétend établir, et de les maîtriser par
cette puissance qu'on exerce sur ceux qu'on commande, et jamais
sur ceux qu'on combat; que c'est dans cette position et en donnant
à un parti le sentiment de la conviction que l'on est avec lui en com-
munauté d'intérêts, qu'on peut se servir de sa force et même de ses

Il est certain que si la France n'avait pas tout-à-

---

passions pour obtenir de lui tous les sacrifices nécessaires et la sage conciliation de tous les intérêts opposés ; et pour mieux expliquer ma pensée, je me servirai des expressions du prince le plus voisin du trône, qui a dit que *pour gouverner la France, il fallait se placer au milieu des siens et tendre la main aux autres.* En effet si, dès l'année 1815, le gouvernement s'était assis sur des principes plus positifs, il serait aujourd'hui au point de rattacher plus entièrement, plus franchement et sans danger, les intérêts qu'il aurait peut-être eu l'air de froisser davantage dans le premier moment. Les royalistes, rassurés par la conviction que le gouvernement du Roi ne s'écartait pas des principes qui dans leur pensée peuvent seuls le consolider, auraient été les premiers à demander que le Roi appelât à lui tous ceux qui pouvaient le servir, et auraient volontiers accepté dans leurs rangs les nouveaux convertis à la doctrine de la légitimité. Et ne leur a-t-on pas même fait un reproche d'adopter trop facilement et sans distinction tous ceux qui se présentaient pour soutenir avec eux la cause qu'ils défendaient ? D'un autre côté, ceux qui, par leurs antécédens, se trouvaient en opposition naturelle avec l'établissement du trône, perdant toute espérance d'expliquer leur conduite, en faisant prévaloir des principes anti-monarchiques, auraient facilement reconnu ceux qu'on aurait déclarés immuables, et s'y seraient franchement rattachés lorsqu'ils y auraient trouvé des garanties de leur avenir ; et telle a été évidemment leur disposition, dans les premiers mois de la première restauration. C'est de cette manière, et seulement de cette manière, qu'on pouvait établir la monarchie et lier la nation dans un seul faisceau. Au lieu de cela les ministres ont laissé tout en question, hors la puissance révolutionnaire, devant laquelle ils se sont prosternés ; aucun principe monarchique n'a été reconnu et consacré, aucune institution monarchique n'a été établie, et après 27 ans de calamités, une lutte effrayante subsiste encore entre la force qui tend à régénérer et à conserver, et la force qui ne tend qu'à dissoudre et à détruire.

fait perdu la trace de ses anciennes institutions, si le peuple avait pu supporter le joug plus indépendant, je dirais volontiers plus *absolu ;* si les propriétés étaient moins également partagées, les lumières moins également répandues ; si toute la population était moins accoutumée à s'intéresser à toutes les actions du gouvernement, à les discuter, à les juger, on n'aurait pas cru nécessaire de donner à la France un gouvernement représentatif ; il n'y aurait pas une tribune aux harangues, où les partis viennent, avec toute la chaleur des passions et celle des amours-propres, aiguiser leurs armes, réveiller les intérêts qui divisent la nation, les appeler des deux côtés au combat : alors, et seulement alors, on aurait pu conseiller, adopter et suivre ce système d'équilibre, et il aurait détruit des résistances inutiles et isolées; il aurait entraîné les uns et découragé les autres.

Aussi n'avons-nous pas été étonnés lorsque les souverains, qui gouvernent leurs peuples avec les habitudes des anciennes monarchies, ont pensé que le gouvernement de France trouverait sa force à tenir la balance égale entre des intérêts opposés. Cette idée était saine ; elle était dangereuse dans l'application qu'ils en auraient faite chez leurs peuples; elle était inutile, dangereuse, impossible avec le gouvernement qu'on établissait en France, et nous n'avons pas attendu le résultat de l'expérience pour le déclarer formellement (*j*).

(*j*) Voyez les notes de 1816 et 1817.

Mais nous avons dû être surpris lorsque cette pensée a été partagée par le cabinet d'Angleterre, qui devait si bien connaître toutes les conditions d'un gouvernement que nous avions dessiné sur leur modèle, et dont ils avaient une vieille et honorable expérience. Comment ont-ils méconnu chez nous ce qui leur aurait paru tout naturel chez eux-mêmes, et pourquoi ont-ils si souvent donné des conseils qu'ils n'auraient pas pu adopter? *Diront-ils que chez nous les passions et les partis ne sont pas les mêmes?* Il serait aussi bien de dire que les passions humaines ne se ressemblent pas en tout temps, en tout lieu. Et comment pourrait-on penser que leur développement ne fût pas le même, lorsque les formes du gouvernement, au milieu desquelles elles s'agitent, sont aussi semblables, et que le théâtre sur lequel elles s'établissent est exactement tracé sur le même dessin?

Mais, dira-t-on, l'exemple de Bonaparte ne prouve-t-il pas qu'on peut fonder un pouvoir, et un pouvoir bien terrible, sur les débris de tous les partis, et marcher audacieusement sur la tête des uns et des autres? Oui, certes! un usurpateur, un conquérant, peut essayer, peut-être encore une fois, de briser avec son épée les institutions politiques qu'il aurait créées lui-même; peut-être pourrait-il encore une fois entraîner par le prestige des conquêtes une nation ardente et mobile, et distraire ses passions par l'appât de la gloire et des récompenses. Il pourra encore armer un million de soldats, à condition qu'il puisse leur livrer l'Europe à dévorer. Et encore son pouvoir serait-il tout artificiel, et tomberait-il le jour où ses conquêtes seraient bornées. Faut-il que Bonaparte soit encore funeste à la France, par l'application fausse et dangereuse que l'on fait de l'exemple de sa tyrannie ! Toute la force de Bonaparte se trouve dans l'unité de ses conceptions, pour créer en France le despotisme militaire par la conquête étrangère. Cette force ne peut plus en être une pour la France, dès l'instant qu'elle est dans l'heureuse impuissance de désoler la terre. Comment n'a-t-on pas compris que chaque gouvernement, suivant sa nature, avait une force qui lui était propre, et que cette force n'était autre chose que l'accord, l'harmonie des principes du gouvernement avec toutes ses conséquences et son application à tous les détails? Bonaparte créa tout pour la conquête, et son premier soin fut de briser tous les organes de l'opinion publique (*h*); le gouvernement représentatif doit trouver toute sa force dans le développement de l'opinion publique, dans les institutions qui peuvent le favoriser, et, je dirai plus, dans l'organisation régulière des partis.

Mais d'ailleurs quelle violence ne faudrait-il pas pour arracher aujourd'hui à la France les concessions qu'elle a reçues du Roi? Elles ont été consacrées par

---

(*h*) Sénat à vie et soudoyé. — Corps législatif muet et payé. — Tribunat détruit.

les puissances qui le replaçaient sur le trône, par
l'usage qu'on en a fait, par les garanties qu'on y a
trouvées ; enfin, par leur adoption franche et entière
de la part de ceux mêmes qui y étaient le moins pré-
parés. Cette question ne parut pas douteuse en 1814 ;
elle serait encore à discuter en 1818 ! !... Alors cependant on pouvait envisager les choses sous un autre
point de vue. Alors il y avait une classe nombreuse
d'hommes honorables qui avaient conservé les souvenirs du passé ; ils étaient embellis pour eux de toute
la poésie de l'histoire, et de tout le charme que leur
prêtait le temps de leur jeunesse ; avec eux on pouvait
essayer, mais peut-être aurait-on essayé en vain, de
replacer le trône sur les débris des bases antiques. Mais
aujourd'hui ces nombreux partisans de la royauté,
poursuivis et persécutés par le ministère, n'ont trouvé
d'asile que dans les formes préservatrices des institutions nouvelles ; ils les ont franchement adoptées ; ils
les ont proclamées ; ils les ont jurées, *et ceux-là n'ont
jamais juré en vain.* Comment espérerait-on établir
sans eux, établir contre eux, ce qu'on aurait peut-
être inutilement tenté il y a quatre ans avec leur
concours ?

Tout serait difficile, tout serait impossible dans une
pareille tentative ; on ne pourrait pas rétablir ce qu'on
appelle l'ancien régime ; tous les élémens en sont
brisés, et la poussière même en est dispersée. On ne
retrouverait pas même le fantôme de ces grands corps
de l'état, qui, à-la-fois défenseurs des droits de la couronne et des priviléges des peuples, se balançaient

noblement dans le cercle qui leur était tracé, et
garantissaient à-la-fois les libertés de la nation et l'in-
violabilité du trône. Ce serait donc un despotisme nu
et hideux qu'il faudrait mettre à la place de ces belles
et irréparables institutions des temps anciens; un despotisme sans force, sans institutions, sans garanties;
un despotisme tel que la France ne l'a jamais connu,
et ne saurait jamais le supporter; un despotisme enfin
qu'il faudrait maintenir par la force des armes, et qui
attacherait à la légitimité tous les inconvéniens et tous
les malheurs de l'usurpation. Un pareil gouvernement
répugnerait à la France entière, et répugnerait bien
plus encore, au noble caractère des princes légitimes.
Qui oserait, dans ce système, se charger de demander à la France les sacrifices que de dures circonstances lui ont imposés, quand elle peut à peine en
trouver les moyens dans le concours de sa volonté
et de ses efforts? Que deviendraient les ressources du
crédit auquel elle est condamnée depuis long-temps?
L'impossibilité d'adopter une semblable mesure paraît
portée à l'évidence.

Et en faveur de qui prétendrait-on exécuter une
pareille subversion? Ce ne serait pas dans les intérêts
du pays, qui ne trouverait plus dans le gouvernement
légitime aucun gage de stabilité; ce ne serait pas dans
les intérêts de l'Europe, qui s'engagerait à soutenir
par la force le gouvernement qu'elle aurait imposé par
la force; ce ne serait donc que dans l'intérêt de quelques *noms propres*, qui croiraient ainsi se maintenir
plus facilement au pouvoir. Aussi ignorans dans leurs

idées de le conserver, qu'ils le sont dans les moyens de l'exercer, les ministres seraient bien étonnés eux-mêmes de découvrir que ces formes constitutionnelles, qu'ils regardent comme des entraves, étaient leurs seuls appuis, et de se trouver plus faibles à mesure qu'ils auraient brisé ces utiles barrières.

En effet, si, depuis trois ans qu'ils l'exercent, les ministres avaient compris un seul instant le gouvernement représentatif, n'en auraient-ils pas éprouvé les avantages au lieu de n'en ressentir que les inconvéniens? Attaqués par des partis, n'auraient-ils pas trouvé des partis intéressés à les défendre? Si la tribune retentissait contre eux de paroles ennemies, n'auraient-ils pas eu la tribune pour défendre leurs actions, leurs motifs, leurs intentions? Que de ressources n'auraient-ils pas trouvées, s'ils avaient su se lier aux défenseurs des principes de la monarchie, ressources qui sont toutes refusées aux ministres du pouvoir absolu.

Il restera donc démontré, à tout esprit judicieux, que toutes les tentatives que l'on ferait pour détruire en France le gouvernement qu'on y a établi, seraient dangereuses; que ces formes constitutionnelles sont les mieux adaptées aux circonstances où la France se trouve placée; qu'elles conviennent à l'esprit des hommes et des temps; qu'elles sont un pacte raisonnable entre les institutions anciennes, qu'on ne saurait rétablir, et les théories de la révolution, qu'il est si essentiel de détruire; qu'au lieu de ranimer l'esprit de révolution, elles auraient pu contribuer plus que toutes les autres à le décomposer; enfin, que bien

loin d'être l'écueil contre lequel se brise le gouvernement du Roi, elles auraient au contraire puissam-
ment servi à son rétablissement ; si on ne les avait pas
compliquées par un système absolument contradic-
toire, et si les ministres, qui ont été chargés de les
conduire, en avaient su comprendre la nature et les
conditions. La première de ces conditions eût été de
rattacher à eux tous ceux qui veulent avec passion
établir la monarchie légitime, et d'embrasser les
principes qui peuvent la consolider. Nous allons exposer
ce qui a été fait dans ce grand intérêt.

IV. *Ramener le Roi et ses Ministres actuels aux principes qui peuvent établir la monarchie.*

Nous avons bien expliqué, dans les notes de 1816 et 1817, par quel concours de circonstances le Roi et les ministres actuels avaient été entraînés hors de toutes les doctrines monarchiques, et dans des directions tout-à-fait opposées à l'établissement du trône. Tous ceux qui ont jugé cet entraînement et la position où il mettrait la France, se sont réunis dans l'espérance que des intérêts mieux entendus rapprocheraient le Roi et ses ministres des partisans de la royauté. Ils ne doutaient pas que le gouvernement ne fût effrayé de voir que tous les sacrifices qu'il faisait à la révolution ne pouvaient pas servir à la rattacher au trône légitime, et qu'elle se servait au contraire de ces concessions pour élever contre lui un front plus ennemi ; ils ont enfin espéré que le Roi et ses ministres feraient cesser cette guerre injuste et impolitique, qu'ils conduisaient contre les hommes monarchiques, et les rattacheraient à leur défense. Cette marche était aussi facile qu'elle était d'un succès assuré : les royalistes, malgré le sentiment de leur force dans la population et dans la propriété, ne mettaient aucunes conditions personnelles pour ci-

menter cette union et conclure cette paix désirée.
« Rattachez-vous, disaient-ils aux ministres, aux
» seuls principes qui puissent établir la monarchie;
» renoncez à vos haines contre ceux qui veulent fran-
» chement la défendre; à quoi nous servira votre
» pouvoir, à quoi nous servira votre fidélité, si, em-
» portés par d'aveugles passions, vous ne savez pas
» faire usage de l'une, et que vous repoussiez l'autre ?
» Qu'avez-vous à espérer des amis que vous cherchez
» dans les partis de la révolution ? ils avouent haute-
» ment le projet de renverser le trône ; espérez-vous
» quelque sûreté pour vous sur ses débris ? Qu'avez-
» vous à craindre de nous ? tous nos sentimens sont
» pour le Roi; les ministres de son choix seront nos
» chefs naturels, à l'instant où ils voudront embrasser
» franchement avec nous les principes et les doctrines
» qui peuvent assurer à notre malheureuse patrie, et
» à nos enfans, le bienfait de la monarchie légitime
» solidement établie. »

Les ministres, sourds à cette voix de paix et de
conciliation, répondaient : « Nous voulons bien que
» vous veniez vous ranger sous nos bannières désertes ;
» nous acceptons une force que, malgré tous nos
» efforts, nous n'avons pu briser; mais, nous l'accep-
» tons pour la détruire, pour qu'elle nous serve aveu-
» glément, que vous abandonniez vos principes, vos
» sentimens, votre conscience, et vous laissiez guider
» au gré de nos caprices. »

Toutes les puissances de la terre réunies n'auraient

pu obtenir un pareil sacrifice, et faire que les royalis-tes devinssent tout-à-coup les soldats de la révolution : et cependant, voilà ce que demandait un ministère sans force, sans pouvoir, sans conception.

On a bien pu juger alors par quelle fatalité nous serions entraînés : les ministres qui avaient été si empressés et si souples pour obtenir l'assentiment des étrangers, dans toutes les circonstances qui servaient leurs passions, étaient sourds cette fois à la voix de tous les cabinets qui leur répétaient : « Vous ne pou-» vez soutenir le Roi qu'en vous rattachant à tout prix la » masse de la nation, qui veut le conserver, et en » renonçant à l'appui dangereux de ceux qui veulent » le renverser ? »

Quelle espérance peut-il rester que des hommes aveuglés à tel point que les invitations des alliés, les conseils de leurs amis, les supplications des gens de bien, le sentiment des maux de la patrie, la vue des dangers qui la menacent, n'ont pu les ramener, puis-sent jamais revenir à de meilleurs sentimens ?

Mais par quelle raison attache-t-on une si grande importance à maintenir à la tête des affaires quelques hommes qui n'y ont été placés que par l'embarras du choix ? Mais, sur onze personnes qui ont passé au mi-nistère depuis cette époque, il n'en reste que trois de celles qui y ont été d'abord appelées. Croirait-on qu'ils doivent être plus fidèles que d'autres à suivre la direction qui leur fut tracée à cette époque ? Mais cette direction a tellement varié qu'ils ont d'abord été royalistes ; ensuite, ils ont passé à une prétendue modération ; à présent ils sont dans la révolution, et ils y seraient encore davantage si la révolution voulait les adopter aussi franchement qu'eux-mêmes en adoptent les principes. Ainsi, ce serait un étrange abus de croire qu'en soutenant le ministère, on soutient les mêmes hommes et les mêmes principes : ce serait un genre de conséquence bien singulier que celui qui conduirait ainsi à croire que l'on persiste lorsqu'on marche dans des contraires.

Mais si l'on est convaincu, comme on doit l'être, que la réunion de plusieurs millions de royalistes est nécessaire au gouvernement du Roi, et peut seule le consolider, comment pourrait-on imaginer que ce lien politique puisse se former autrement que par une confiance mutuelle, confiance si difficile à établir après une lutte si longue et si acharnée ? Il est donc malheureusement vrai. de dire que les ministres actuels sont les moins propres à former cette réunion ; qu'ils y sont peu disposés, parce qu'ils sont entraînés par leurs passions, et que ce moyen de ramener les affaires à une meilleure direction est un des plus difficiles et des plus incertains.

On voit, d'après cela, combien d'efforts ont été tentés pour rattacher les intérêts des ministres à ceux de la monarchie ; combien d'espérances ont été trompées ; combien il en reste peu d'obtenir ce résultat nécessaire au salut de l'Europe ; combien il serait dan-

gereux de placer auprès de si grands intérêts les misérables intérêts de quelques hommes. Et, en effet, im-
porte-t-il plus de conserver tel nom dans le ministère
de France que d'assurer de si importantes destinées?
Ceci nous conduit naturellement à examiner s'il n'y
a pas de moyens plus simples et plus certains d'arriver
à cette réunion désirée de tous les intérêts monarchiques et européens, et à traiter la dernière question.

V. *Changer le système du gouvernement par le changement du ministère qui le dirige.*

Ce n'est pas seulement dans le gouvernement représentatif qu'on a éprouvé que le changement des hommes qui conduisaient les affaires d'un pays, était le moyen le plus simple, le plus naturel et le plus certain de changer le système d'administration qu'on reconnaît faux ou erroné. En effet, quoique la direction des affaires publiques repose bien plus sur les principes que l'on adopte que sur les hommes qui les conduisent, cependant, il est ordinaire de voir les hommes s'identifier à des principes par des antécédens, par leur conviction ou par leurs intérêts, de telle sorte qu'ils n'ont plus la possibilité de choisir d'autres voies, de professer et d'appliquer d'autres doctrines. N'a-t-on pas vu, sous tous les gouvernemens, changer les premiers agens du pouvoir, lorsqu'on a voulu changer le système politique extérieur, ou les principes de l'administration intérieure ?

Si cette règle est admise dans les états où le souverain réunit en sa personne la puissance suprême, où les ministres ne sont et ne peuvent être que les instrumens de ses volontés, combien, à plus forte raison, la trouvera-t-on établie dans le gouvernement

constitutionnel, où les ministres sont au contraire les
conseils avoués du souverain, soumis à une respon-
sabilité qui les autorise à suivre d'un commun accord
une marche que le prince doit approuver, mais dont
il ne dirige pas lui-même toutes les impulsions? Dans
un gouvernement qui doit lier à lui une masse d'intérêts qui se présentent sous l'apparence et la forme des
partis, et qu'il est absolument nécessaire d'unir à l'administration par la confiance que leur inspirent les
hommes que l'on appelle à la composer, cette confiance ne saurait s'établir au moment même où ils
arrivent au pouvoir; il faut qu'elle ait des bases plus
anciennes et plus profondes, qu'elle soit fondée sur
le sentiment qu'ils ne sauraient abandonner les principes et les intérêts généraux qui unissent cette
masse.

En effet, que peuvent dans le gouvernement constitutionnel des ministres qui ne portent pas avec eux
et n'attachent pas à la défense de la couronne la
puissance de l'opinion publique, exprimée par une
de ses voix prépondérantes, ou, pour parler plus
simplement, la puissance d'un parti? Incertains
dans leur marche, ils ne peuvent embrasser ni un
système de gouvernement, ni un ensemble d'opéra-
tions; jouets livrés aux vents de tous les partis, ils
restent sans pouvoir, parce qu'ils sont sans appui;
et un gouvernement sans pouvoir est un édifice sans
base qui s'écroule de lui-même et couvre de ses débris
la terre qui le portait.

Et qu'on ne nous reproche pas de nous jeter ici dans des théories abstraites? il est bien temps d'apprendre les conditions du gouvernement constitutionnel que l'on veut établir; il est bien temps que ceux qui veulent exercer de l'influence, apprennent comment on doit la diriger : l'ignorance de ces conditions et la résistance qu'on a mise à les adopter, sont les seules causes de cette incertitude, de cette vacillation des affaires en France, et de la nullité de son gouvernement.

Ainsi, s'il est impossible de ne pas admettre que le changement des personnes qui composent le ministère soit le moyen le plus certain de changer le système faux et dangereux de gouvernement, il est aussi impossible de nier que ce changement serait inutile dans le gouvernement représentatif, s'il n'amenait pas à la tête des affaires des hommes forts de la confiance d'un des deux partis qui expriment l'opinion publique. Tous ceux qu'on voudrait appeler dans cette position et qui n'auraient pas des liens politiques antérieurs avec l'un ou l'autre, ne seraient pas propres à les former, parce que l'exercice du pouvoir, qui nécessairement dans sa marche est obligé de fouler des intérêts, éveille bien plus la méfiance et l'opposition, qu'il ne peut servir à serrer des nœuds de confiance et d'harmonie.

Tels seraient les obstacles insurmontables que trouverait un ministère nouveau qui, par les noms propres qui le composeraient, ne s'attacherait pas, dès sa formation, une des deux nuances d'intérêts généraux qui divisent l'opinion. Il ne faudrait pas trois mois, ou la présence d'une Chambre, pour juger l'inutilité d'une pareille modification, et pour qu'un pareil ministère fût dans une position aussi faible, aussi nulle, aussi humiliante que le ministère actuel.

Mais, dira-t-on, si un nouveau ministère, composé d'hommes qui n'ont pas une couleur prononcée, et dont les noms, s'ils n'ont aucun soutien, n'éveillent du moins aucune inimitié, s'engageait à embrasser les doctrines soutenues par un des partis, ne parviendrait-on pas à former une administration impartiale, et qui serait cependant soutenue de toute la force d'un parti ? Étrange abus d'un faux esprit qui croirait arriver mieux au but par des chemins incertains, difficiles et tortueux, que par la route simple qu'indiquent le bon sens et la nature des choses !

D'abord ce ministère, qui arriverait sans que des liens préalables l'unissent à un parti, aurait à traverser un temps d'épreuves plus ou moins long, avant d'avoir obtenu cette confiance qui doit faire sa force ; et la confiance est si délicate qu'il pourrait échouer dans cette tentative. S'il y réussissait, c'est parce qu'il aurait cessé d'être impartial ; en s'attachant les intérêts des uns, il aurait sûrement aliéné ceux des autres : surveillé avec inquiétude par le parti auquel il se serait nouvellement allié, il n'obtiendrait jamais de lui le sacrifice de ses intérêts particuliers, souvent néces-

saire à une sage conciliation des intérêts généraux ;
sacrifices qui seraient facilement accordés à ceux qui
seraient liés à ce parti par des nœuds plus forts et plus
anciens. Outre cela, ces hommes qui auraient adopté
des doctrines qui ne seraient pas exactement les leurs,
auraient toutes les difficultés à les appliquer dans tous
les détails ; les principes qui lient un parti sont dans
son intérêt, dans ses habitudes, dans ses affections,
dans tous ses sentimens, et il faut tout cela pour
se trouver d'accord dans tous les temps et dans
toutes les circonstances. Ceux qui n'auraient pas
traversé les mêmes antécédens, épousé les mêmes intérêts, ne pourraient, avec la meilleure volonté, avec
la plus grande franchise, posséder cette conscience
d'un parti, qui seule peut éclairer dans l'application
journalière de ses principes : ils n'en sauraient pas les
doctrines et les moyens, et seraient sans cesse obligés
de consulter ceux qui les connaissent, et qui, par leur
assentiment, entraîneraient celui de la masse qui est
accoutumée à les suivre : c'est-à-dire, qu'on aurait
deux ministères, l'un sans appui, dès qu'il se sépare-
rait un instant de l'autre qui aurait la véritable force ;
l'un obligé de consulter l'autre qui imprimerait la
véritable direction, l'un en apparence, l'autre en réa-
lité ; et qui pourrait soutenir long-temps une pareille
division ?

Nous croyons avoir porté jusqu'à l'évidence ces vé-
rités essentielles, que, pour changer un système d'administration, il faut changer ceux qui le dirigent ;
que, dans le gouvernement constitutionnel, le pou-

voir est nul s'il ne s'appuie sur un des organes de l'opinion publique qu'on appelle *partis ;* enfin, qu'on ne
peut attacher au gouvernement un parti d'une manière
utile, certaine et irrévocable, qu'en plaçant dans
l'administration ses chefs naturels, les hommes de son
entière confiance. Mais il reste encore à discuter une
importante question : « Comment dans un change-
» ment de système le gouvernement se décidera-t-il
» pour choisir le parti qu'il doit appeler à son sou-
» tien ? ». Ici toutes les opinions se ressentent des intérêts : les uns disent que c'est le plus fort en nombre
dans la nation, et tous les deux peut-être auront la
prétention de décider en leur faveur une question qui
reste éternellement indécise, jusqu'à ce qu'elle soit
décidée par des élections libres et à l'abri de toute
influence. Les autres soutiendront qu'au lieu de la
force du nombre, le gouvernement doit s'appuyer sur
la force de la propriété ; enfin, chacun fera valoir ses
avantages pour faire prédominer ses principes. Mais
en France, comme dans tous les autres pays où l'on a
usé du gouvernement constitutionnel, la question est
plus simple, et le gouvernement n'a jamais été appelé
d'une manière indépendante à faire un pareil choix, et
partout il s'est trouvé, par la nature des choses, un
parti plus intéressé à sa défense et à son maintien, et
un autre plus disposé à l'attaquer, soit pour le renverser, soit pour en obtenir de plus grandes concessions ; enfin, il a nécessairement pour ennemis les
intérêts qu'il a froissés par son établissement, et pour
amis les intérêts que son établissement a relevés : il

n'a donc pas de choix, il faut qu'il s'appuie sur ceux qui veulent le souténir, pour se défendre de ceux qui veulent le renverser.

Mais on n'arrive pas à la solution de cette question, sans éprouver le besoin de se prémunir contre l'idée qu'il s'y rattache des questions personnelles, que toutes les affaires de France, que toute l'opposition des grands intérêts de ce pays, que les principes qui divisent les partis, se réduisent à quelques misérables prétentions déçues, et à quelques ambitions trompées.

Nous l'avons déjà dit, les royalistes qui ont été appelés dans diverses occasions à traiter de la réunion de leur parti au ministère, n'ont jamais admis la possibilité qu'il y eût pour eux un prix à ce traité. Ils n'ont demandé ni places ni honneurs; ils ont repoussé de pareilles conditions quand elles leur ont été offertes. Ils savent mieux que personne qu'il n'y a point de place a désirer dans une maison qui brûle, et que la plus dangereuse dans un vaisseau brisé par la tempête, est celle de capitaine. Les principes de leur opposition sont dans la connaissance du mal qu'a fait à la France le système qu'on a suivi : et quels sont ceux qui ont été mieux placés qu'eux pour juger l'excès de ce mal? Ils se dévoueraient peut-être à le réparer par ce sentiment du bien et de l'amour de leur pays, qui les a soutenus dans la terrible situation où ils ont été placés; mais ils n'iront jamais au-devant d'un fardeau dont ils connaissent mieux que d'autres la pesanteur : les plus éclairés sont ceux dont on obtiendrait le plus difficilement le concours, au moment où on voudrait le leur demander.

Cette vérité une fois admise, et elle ne peut être révoquée en doute que par la mauvaise foi la plus insigne, nous pouvons exprimer notre étonnement qu'on n'ait jamais admis, comme la marche la plus simple et la plus naturelle, au milieu des difficultés que présente le gouvernement intérieur de la France et des dangers qui menacent son établissement, d'en confier les destinées à ceux qui, par leur antécédent, par tous les sentimens de leur ame et de leur conviction, ne pouvaient avoir d'autre intérêt, d'autre avenir, d'autre abri que celui du trône reconstruit. Cependant les combinaisons les plus extraordinaires sont celles qui ont paru préférables; on a voulu appuyer le trône sur tous ceux qui avaient été opposés à son rétablissement : tous, jusqu'aux régicides, ont passé au pouvoir, et ce calcul a paru le plus habile, parce qu'il était le moins avoué par la raison et le bons sens. Enfin, toute cette sagesse des hommes a conduit à prendre les ouvriers les moins propres à l'ouvrage qu'on voulait leur confier. Imaginerait-on jamais de remettre à un zélé protestant la défense des dogmes catholiques, et croirait-on la religion en sécurité si l'on choisissait des athées pour la soutenir? Il en est de même des opinions politiques : il n'est pas plus donné à un royaliste d'apprendre et d'employer les moyens révolutionnaires ou même de *faire de la république*, qu'il n'est donné aux hommes de la révolution et du despotisme de *faire de la monarchie constitu-tionnelle.*

Quelque simple que soit cet aperçu, nous ne devons pas dissimuler les objections qu'on lui oppose, objections le plus souvent intéressées. Nous les avons toutes discutées dans la note du mois d'août 1817; nous y renvoyons nos lecteurs pour éviter une fastidieuse répétition (1).

---

(1) *Extrait de la note d'août* 1817.—Les royalistes n'étaient pas assez nombreux dans la nation, assez forts pour soutenir le trône. Mais si les royalistes sont seuls à vouloir le soutenir, est-ce en les divisant, en les attaquant, en les dépouillant de toute autorité, qu'on parviendra à le maintenir? Il serait plus vrai de dire que les royalistes n'étaient pas assez décidés à soutenir le ministère.

Les royalistes sont trop faibles pour soutenir le gouvernement du Roi, qui s'appuyerait sur eux; mais, d'un autre côté, ils disent que les royalistes, dépouillés de toute la prépondérance que leur donnerait le gouvernement, sont assez forts pour l'entraver et l'arrêter à chaque pas. Les royalistes sont trop faibles, et tous les efforts des ministres s'emploient ou plutôt se perdent à les diviser. En effet, toutes les parties de l'administration, les intérêts politiques, tout est négligé dans le gouvernement, et, depuis dix-huit mois, il n'y a eu d'action que pour la guerre de passion qu'ils font aux royalistes. Cette résistance d'un parti contre lequel on a tourné son chef naturel, le seul qu'il puisse reconnaître, prouve quelle aurait été sa force pour asseoir et consolider l'autorité royale bien autrement qu'on n'a pu le faire par la série d'inconséquences dans laquelle on est entraîné. De quoi se compose donc la force des royalistes? Elle se compose de la plus grande partie des pro-

Il est cependant vrai que les royalistes, placés comme ils le sont sur le terrain de la constitution, sont les seuls qui puissent sauver leur pays, les seuls qui puissent

---

priétaires territoriaux dans les classes les plus importantes (*), de tout le clergé de France, de tous ceux qui conservent des principes religieux, de populations entières et nombreuses dans les provinces de l'Ouest et du Midi. Outre cela, la conséquence immédiate du retour du Roi avait été de réunir à eux toute une masse incertaine et faible de la nation, comme dans toute nation du monde, qui est prête à obéir à la direction que lui imprime le gouvernement, mais qui ne fera jamais rien pour le soutenir. La multitude elle-même était bien plus disposée à comprendre et à embrasser les principes simples, positifs, certains, des royalistes qui leur présentent un chef visible et une doctrine complette, que toutes ces manies métaphysiques, toutes ces hérésies politiques qui embrouillent toutes les idées, qu'ils ne sauraient saisir, et auxquelles ils ne peuvent s'attacher. Il est facile de comprendre quel a dû être et quel a été l'effet des prédications du ministère du Roi, qui leur a crié, pendant plus d'un an, qu'il ne fallait pas être royaliste, qu'il fallait se méfier de ceux qui l'étaient, que c'étaient des ennemis qui nourrissaient des intentions perfides. Surpris de ces inconséquences dont ils ne pouvaient pénétrer les motifs, les hommes qui composent cette masse sont demeurés incertains, sans attachement, sans confiance pour un gouvernement qui emploie toute son action à diviser, à combattre, à détruire ses

(*) Sur 1200 propriétaires payant 1000 fr. d'impôt, les neuf dixièmes sont royalistes dans un sens opposé au ministère. Sur 45,000 payant 500 fr., plus de la moitié partage les mêmes opinions. Sur 120,000 payant 300 fr., les royalistes sont en nombre inférieur. Sans la division que le faux système du gouvernement a établie, ils seraient les plus nombreux dans cette dernière classe. Les proportions sont presque contraires dans les fortunes mobilières.

soutenir le trône et conserver dans leur intégrité les priviléges acquis par le peuple. Serait-ce aux révolutionnaires qu'on pourrait confier ce double dépôt ?

---

soutiens naturels. Et, en effet, que dirait-on des ministres d'Angleterre si d'abord ils avaient mis toute leur politique à tenir une balance prétendue égale entre les rebelles de Spafields et ceux qui veulent soutenir le gouvernement ; s'ils eussent ménagé, protégé et encouragé ceux qui étaient le plus disposés à se mettre à la tête des mouvemens de Londres et des provinces, et s'ils en étaient enfin arrivés au point de rechercher l'appui et l'alliance des insurgés contre ceux qui veulent maintenir l'Etat ? Voilà cependant ce qu'ont fait les ministres de France.

Mais, dira-t-on, *quels sont donc, parmi les royalistes de France, les hommes assez éprouvés dans les affaires pour qu'on puisse leur confier des destinées aussi importantes ?* Ces hommes se trouveront nombreux parmi ceux qui n'ont pas d'autre intérêt que l'établissement de l'autorité royale, parmi ceux qui n'ont aucun antécédent qui les gêne et qui les domine. Ces hommes, dis-je, se trouveront nombreux, et la confiance publique les désignera assez quand on sera arrivé au point d'annoncer sans détour que c'est la monarchie, et non la révolution, qu'on veut consolider ; et je demande, à mon tour, à ceux qui voudraient faire peser sur les royalistes seuls le résultat infaillible d'un gouvernement qui a détruit toutes les existences, toutes les réputations ; je leur demande quel est celui des ministres actuels qu'une seule voix eût désigné, il y a deux ans, comme capable d'en remplir les fonctions, et que l'opinion publique regardât comme préparé à y parvenir. Ce ne sont donc pas les hommes qui nous manquent ? Il n'est pas difficile d'en trouver en France un grand nombre qui porteraient dans les affaires publiques plus de raison, de force et de discernement que ceux qui les dirigent aujourd'hui.

Leur haine naturelle est contre le pouvoir légitime ; leurs habitudes sont la violence et l'arbitraire. Serait-ce aux ministres actuels ? Ils n'ont pas compris un seul instant la doctrine du gouvernement représentatif : ils ont cherché tous les jours à se soustraire à ses règles, et ont tour-à-tour appelé à leur secours les souvénirs inappréciables de l'ancien régime, les mesures odieuses du despotisme militaire, ou les dangereuses doctrines des clubs révolutionnaires.

Quelle serait aujourd'hui la situation de la France et de l'Europe, si dés hommes d'honneur et de loyauté, liés par leurs antécédens, je dirais même par leurs passions, au soutien de la maison régnante, avaient dirigé depuis trois ans les affaires de leur pays ? Au lieu de briser les liens de la morale et de la religion, on les aurait vus soumettre peu-à-peu le pays au joug des principes moraux et religieux, et ils auraient été facilement adoptés comme les conséquences les plus immédiates du gouvernement légitime : au lieu de chercher leur appui dans les passions d'un vain peuple, et de les animer contre ces puissances alliées auxquelles la France a dû l'espérance d'un meilleur avenir, ils auraient, par leurs préceptes et leur exemple, fait respecter les couronnes alliées ; sentiment qu'il était facile d'inspirer, quand on aurait su faire respecter la couronne de France. Les avantages des nouvelles institutions seraient appréciés, parce qu'on les aurait suivies et comprises ; et au lieu de les ébranler par l'ignorance et la mauvaise foi, elles seraient établies avec toutes leurs conséquences et dans toute

leur force. Le trône et la monarchie seraient posés
sur des bases inébranlables, au lieu d'être jetés sans
appui et sans soutien au milieu de passions ennemies ;
la révolution serait repoussée dans quelques abstrac-
tions méprisées, et dans une opposition peu dangereuse ; l'Europe rassurée compterait sur nous, et ne
pourrait plus nous demander des gages de notre
tranquillité ; elle les trouverait dans notre gouvernement.

Et qu'on ne nous accuse pas de tracer ici un tableau fantastique : tels étaient les fruits naturels de
la restauration ; il a fallu bien plus d'efforts pour les
dénaturer que pour les recueillir : voilà ce qu'on
devait obtenir et ce qu'on pourrait peut-être obtenir
encore.

Nous sommes arrivés à ce point dans le développement des principes du gouvernement représentatif,
et de leur application à la situation de la France, où
il est naturel de penser qu'on nous demandera de
quelle manière nous concevons que les puissances
alliées pourraient diriger leur influence pour amener
d'aussi heureux résultats. « Que peuvent, nous dira-
» t-on, les cours alliées sur des déterminations qui
» doivent partir de la seule persuasion, de la seule
» volonté du Roi ? Peuvent-elles, même dans un
» intérêt qui serait bien reconnu, intervenir d'une
» manière décisive dans des questions du gouverne-
» ment intérieur ? Une disposition aussi contraire

» aux principes les mieux établis ne ferait - elle pas
» un mal plus grand que tout le bien qui pourrait en
» résulter ? »

Cette objection est précisément la même que celle
qu'on faisait, en 1814, contre le rétablissement de la
maison de Bourbon : on disait, à Langres, à Troyes,
à Châtillon, que les principes du droit public prohi-
baient aux puissances toute disposition sur le gouvernement intérieur du pays, et qu'on ne saurait, sans
manquer à ces principes, renverser Bonaparte et rétablir la famille royale. On oubliait alors, comme on
oublie aujourd'hui, que la révolution qui attaque
toutes les couronnes, a établi entre elles une nouvelle solidarité ; que l'intérêt de leur défense légitime,
qui est en même temps le premier intérêt de leurs
peuples, leur commande d'arrêter l'incendie partout
où il peut éclater ; qu'aucun principe établi ne peut
infirmer ce grand principe de légitime défense : et ne
voit-on pas dans le droit commun les principes mêmes de la propriété, sur lesquels repose la société
entière, se modifier quand il s'agit de se préserver d'un incendie ou des ravages d'un torrent ?
Enfin, permettrait-on à un citoyen de mettre le feu
à sa maison, dans l'intention de brûler toute une
ville ?

Telle est la situation des puissances alliées en présence de la révolution qui renaît chez nous, et c'est
en ce sens qu'ont été stipulés les traités qui lient ces

puissances entre elles, et qui établissent tous leurs rapports avec la France (*m*).

Toutes en ont admis depuis quatre ans, qui étaient jusqu'alors inconnus, parce qu'un nouvel ennemi et des armes offensives nouvelles demandaient de nouveaux moyens de défense. On ne peut donc plus, sans mauvaise foi, établir que la marche intérieure du gouvernement doive rester hors de toute influence, hors de toute considération de l'Europe, qui n'a rétabli ce gouvernement que pour assurer le repos public

---

(*m*) *Voyez* Traité de Chaumont, du 1er mars 1814 ;

Convention de Paris, du 23 avril 1814 ;

Motifs du traité de Paris, du 30 mai 1814 ;

L'acte du congrès de Vienne, du 19 juin 1814 ;

Le motif du traité du 20 novembre 1815 n'est-il pas textuellement expliqué en ce sens : *Le désir de consolider le maintien inviolable de l'autorité royale et la remise en activité de la Charte constitutionnelle, et de détruire les funestes effets de la révolution et du système de conquêtes.*

Dans le même traité, l'occupation, comme *des mesures de précaution* et des garanties temporaires pour les états voisins ?

Dans le traité du 20 novembre entre les quatre cours coalisées, elles disent que le repos de l'Europe est essentiellement lié à l'ordre de choses en France, fondé sur le maintien de l'autorité royale et de la Charte constitutionnelle, et qu'elles veulent employer tous leurs moyens pour que la tranquillité générale, objet des vœux de l'humanité et le but constant de leurs efforts, ne soit pas troublée de nouveau. Elles prévoient même que les mêmes principes révo-

et la sécurité générale. La France rentrera dans l'entière indépendance de ses dispositions intérieures, lorsque les hommes qui dirigent les affaires ne seront plus en hostilité avec les principes de la société européenne.

On voit dans quelle erreur on tomberait si on s'ar-

---

lutionnaires pourraient encore déchirer la France et menacer le repos des autres états; les hautes parties contractantes reconnaissent solennellement le devoir de redoubler leurs soins........ et de concerter entre elles et avec S. M. T. C. les mesures qu'elles jugeront nécessaires pour la sûreté de leurs états respectifs et pour la tranquillité générale de l'Europe.

Elles ont même prévu, dans le même acte, des réunions consacrées aux grands intérêts communs et à l'examen des mesures qui, dans chacune de ces époques, seront jugées les plus salutaires pour le repos et la prospérité des peuples ; et pour le maintien de la paix de l'Europe.

Dans la note de la même date, adressée par les ministres des quatre cours alliées à M. le duc de Richelieu, ne disent-ils pas formellement que l'objet de ce traité a été de donner aux principes consacrés par ceux de Chaumont et de Vienne l'application la plus analogue aux circonstances actuelles, et de lier les destinées de la France à l'intérêt commun de l'Europe? En effet, toute cette note porte sur les principes du gouvernement intérieur de la France, et pourrait être citée tout entière comme preuve que les puissances n'ont jamais compris autrement leurs rapports avec la France et les liens que leur ont donnés ces rapports.

Dans la note officielle des quatre ministres, du 10 février 1817, relative à la diminution de l'armée d'occupation, ils disent que le

4

rêtait à cette objection, fondée sur le principe rigou-
reux et excessif de l'indépendance des états, pour se
refuser à exercer une heureuse influence sur les déterminations du Roi de France, à l'effet de changer le
cours des choses qui conduit évidemment au triomphe
de la révolution.

D'ailleurs il s'agit bien plus, en ce péril commun,
d'éclairer la volonté du Roi, que de lui en imposer
une : l'assentiment que les cours alliées ont trop long-
temps donné à la marche du ministère, a été la première
et presque la seule raison de l'entraînement du Roi. On
ne peut pas douter que l'intervention franche et ou-
verte des puissances alliées ne suffise pour l'éclairer sur
ses vrais intérêts (n), et le ramener à des idées plus
simples et plus saines.

Outre cela, dans toutes les négociations qui se trai-
tent et celles qui vont s'ouvrir, soit pour terminer les
liquidations étrangères, soit pour décider l'évacuation
du territoire, il serait bien facile de placer en pre-

Roi cherche, de concert avec les autres puissances, les moyens les
plus efficaces de consolider l'ordre intérieur en France, et d'associer son royaume au système de bonne intelligence et de pacification générale, interrompu par les troubles qu'on venait à peine
d'arrêter.

(n) Ils pourront seuls (de nouveaux ambassadeurs) approcher
du Roi des lumières que les vrais Français voudraient lui faire
parvenir, et qu'il repousse comme partiales, comme incommodes,

mière ligne ce premier, ce grand intérêt, qui est au-dessus de tous les autres pour les couronnes et pour les peuples. Les puissances alliées n'ont-elles pas de garanties à nous demander? Ne doivent-elles pas les modifier sur la sécurité que leur donnerait notre situation intérieure? Ne sont-elles pas autorisées à proportionner leur exigence à nos dispositions? Ne peuvent-elles pas nous forcer d'être heureux, et nous récompenser d'avoir su le devenir? Et si elles peuvent être aujourd'hui mieux éclairées sur la nature des intérêts qui divisent la France, sur son gouvernement, sur la position entièrement fausse du ministère au milieu de ces intérêts et de son gouvernement, si elles ne perdent pas de vue le but de tous leurs efforts, le motif de tous leurs traités depuis quatre ans, elles ne laisseront pas échapper l'occasion de négociations importantes, sans en profiter pour amener un autre et meilleur ordre de choses.

Les souverains alliés ne peuvent-ils pas dire au Roi : « Nous sommes disposés à seconder de tous nos efforts » vos intentions pour le bien de votre peuple. Tous

---

Et à quoi lui serviraient-elles, en effet, s'il n'était pas sûr d'en pénétrer ses co-alliés? mais, au contraire, ce doute qu'ils lui exprimeront sur les moyens employés jusqu'à ce jour pour fonder la monarchie en France, sera le premier doute qu'il se permettra lui-même : leurs appréhensions seront pour lui des craintes salutaires; car elles seraient inutiles si les souverains alliés ne les partageaient pas.

» les fardeaux qui lui furent imposés n'ont eu qu'un
» motif, celui d'assurer votre trône et notre tranquil-
» lité : le jour où l'un et l'autre seront garantis, nous
» serons prêts à alléger les charges qui pèsent sur lui.
» Mais rien n'a encore été fait dans cet intérêt ; la
» marche incertaine de votre ministère n'a rien établi
» qui puisse servir à nous rassurer ; au lieu de com-
» primer l'esprit de révolution, c'est sous leurs aus-
» pices qu'il prend un nouvel et dangereux essor ; au
» lieu de trouver en lui des garanties, nous devons en
» chercher contre lui : comment lui ferions-nous de
» nouvelles concessions? Formez une autre adminis-
» tration qui soit toute dans l'intérêt d'établir la mo-
» narchie et les institutions qui peuvent assurer votre
» trône, qui comprenne le gouvernement que vous
» avez établi par la Charte constitutionnelle, qui soit
» appuyée par tout ce qu'il y a de monarchique dans
» vos peuples ; et alors, rassurés sur sa marche par
» ses principes, toutes nos conditions seront faciles,
» parce que toutes nos concessions seront raisonnables;
» dans l'état actuel, elles ne le seraient pas. Tels sont
» les moyens les plus efficaces de consolider l'ordre
» intérieur en France, et d'associer votre royaume au
» système de bonne intelligence et de pacification gé-
» nérale. »

Qui peut douter qu'un pareil langage ne portât
dans l'esprit du Roi toute la conviction qui lui est nécessaire pour saisir et embrasser un système plus
éclairé et plus sûr? La force de la raison et de la vé-

rité dissiperait toutes les ombres que des passions intéressées entretiennent autour de lui. L'esprit du Roi est mieux préparé que celui d'aucun autre à envisager la lumière sans que son éclat blesse ses yeux. Qui peut mieux comprendre que lui que l'Europe ne peut mieux se préserver de la révolution renaissante en France, qu'en l'étouffant dans le sein de la France qui la recèle ! que tous les moyens de s'en préserver au dehors, quand elle s'appuyerait de toutes les forces de ce pays, seraient inutiles et impossibles ; que le premier devoir des alliés est de se garantir de cette terrible invasion ; qu'ils ont le droit d'examiner par quels moyens on peut comprimer l'élan révolution- naire qui se fait sentir en France ; que ceux qui dans cet intérêt admettraient l'occupation militaire de la France, ou le partage de ses provinces, ou le change- ment de dynastie légitime, ébranleraient toutes les colonnes de l'édifice européen au lieu de le consolider ; que le gouvernement représentatif que le Roi a donné à la France n'a été un obstacle à un établissement plus solide du trône, qu'en ce que les conditions n'en ont pas été comprises par ses ministres, et que leurs intérêts et leurs passions se sont opposés à son exé- cution franche et entière ; que, bien connu, bien com- pris et franchement dirigé, on y eût trouvé toute la force de ses institutions ; que ces intérêts et ces pas- sions des ministres ne leur laissent plus la liberté de se rattacher aux doctrines et aux hommes de la mo- narchie ; que la seule ancre de salut, au milieu de l'orage imminent, est de se rattacher à tout prix aux principes, aux institutions et aux hommes monarchiques; et qu'on ne peut y parvenir qu'en confiant le gouvernail aux hommes qui imposent une grande confiance et un grand assentiment à tous ceux qui veulent sauver le vaisseau de l'Etat?

C'est dans une semblable détermination que peut se trouver notre dernière espérance; il serait bien malheureux pour nous, pour l'Europe entière, pour les générations à venir, qu'elle se perdît avec toutes les autres.

FIN.

www.ingramcontent.com/pod-product-compliance
Lightning Source LLC
Chambersburg PA
CBHW051637060726
47597CB00004B/1606